Sprachfreunde 4

5-Minuten-Training

Erarbeitet von
Katrin Junghänel

VOLK UND WISSEN

Sprachfreunde 4
5-Minuten-Training

Erarbeitet von
Katrin Junghänel

Redaktion: Kirsten Pauli
Illustrationen: Barbara Schumann, Uta Bettzieche (Hund, Detektiv)
Umschlaggestaltung: tritopp, Berlin
Umschlagillustration: Barbara Schumann, Uta Bettzieche
Layout und technische Umsetzung: tritopp, Berlin

www.vwv.de

1. Auflage, 9. Druck 2018

Alle Drucke dieser Auflage sind inhaltlich unverändert
und können im Unterricht nebeneinander verwendet werden.

© 2011 Cornelsen Verlag/Volk und Wissen Verlag, Berlin
© 2017 Cornelsen Verlag GmbH, Berlin

Das Werk und seine Teile sind urheberrechtlich geschützt.
Jede Nutzung in anderen als den gesetzlich zugelassenen Fällen bedarf der
vorherigen schriftlichen Einwilligung des Verlages.
Hinweis zu §§ 60a, 60b UrhG: Weder das Werk noch seine Teile dürfen ohne eine
solche Einwilligung an Schulen oder in Unterrichts- und Lehrmedien (§ 60b Abs. 3 UrhG)
vervielfältigt, insbesondere kopiert oder eingescannt, verbreitet oder in ein Netzwerk
eingestellt oder sonst öffentlich zugänglich gemacht oder wiedergegeben werden.
Dies gilt auch für Intranets von Schulen.

Druck: H. Heenemann, Berlin

ISBN 978-3-06-082789-3

PEFC zertifiziert
Dieses Produkt stammt aus nachhaltig
bewirtschafteten Wäldern und kontrollierten
Quellen.

www.pefc.de

PEFC/04-31-1156

5-Minuten-Training

Kurz, knapp, kompetenzorientiert und motivierend unterstützt das 5-Minuten-Training durch das tägliche Training einen erfolgreichen Deutschunterricht.
Das Heft ist vielfältig einsetzbar: als „Kopferwärmung" zum Stundenstart, als tägliche Übung, als Materialpool für schnell arbeitende Kinder, als Teil von Lernstraßen und Stationen, für Hausaufgaben, für Einzel-, Partner- oder Gruppentraining.

Wichtiges ständig wiederholen
In kurzen Übungssequenzen werden wichtige Lerninhalte wiederholt, trainiert und gefestigt sowie Lerntechniken erfolgreich angewendet. Die stets wiederkehrenden und bekannten Arbeitsformen geben Sicherheit und machen Erklärungen durch die Lehrkraft überflüssig.

Üben soll Spaß machen
Abwechslungsreiche Übungsformate wie verschiedene Rätsel, Knobeleien, Logikfolgen, Stolpersätze und Wahrnehmungsübungen wechseln sich ab, regen zum Denken an und trainieren so „ganz nebenbei".

Eselsbrücken
Die kleinen Reime helfen den Kindern, sich Wichtiges besser zu merken.

Knacknüsse
Diese Aufgaben sind für Knobler und Denker, die sich gerne schwierigen Aufgaben stellen wollen, oder für differenziertes und individualisiertes Lernen einsetzbar.

„Bist du fit?"-Seiten
Die Kinder und die Lehrkraft erhalten auf den „Bist du fit?"-Seiten sofort Rückmeldung über den Stand des Gelernten.

1 Verbinde die Personalpronomen mit der dazugehörigen Personalform!

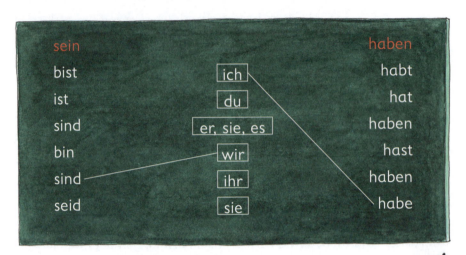

2 Schreibe nun die Präteritum- und Perfektformen in der Ich-Form richtig auf!

          Präteritum   **Perfekt**

kommen: *ich kam*   *ich bin gekommen*

lachen: _____   _____

rechnen: _____   _____

laufen: _____   _____

werfen: _____   _____

gehen: _____   _____

haben: _____   _____

springen: _____   _____

Arbeite mit der Wortleiste! Die Bildchen führen dich auf die richtige Spur. Setze das passende Wort ein! Beachte bei Verben die richtige Zeitform!

Gestern _____ wir eine alte Burg.

Wir trafen uns _____ 9 Uhr vor der Schule.

Mein _____ war schon da.

Auch _____ wir gut auf unsere Sachen. Am Schluss _____ uns die Lehrerin noch mit einem Eis.

achten
besichtigen
betrachten
einfach
die Fläche
herrlich
Nachbar
ordentlich
pünktlich
rasch
riechen
überraschen
der Unterricht
unterschreiben
vielleicht
wünschen

1 Setze die richtigen Anredepronomen ein!

Liebe Burgbesucher!

Bedenken _____ bei der Besichtigung der alten Burg,

dass _____ die Burggeister wohl gesonnen bleiben.

Werfen _____ daher _____ Müll nur in

die aufgestellten Eimer.

Herzlichen Dank, _____ Burgherren

5

1 Ordne die Wörter nach dem Alphabet!
Schreibe dazu die Ordnungszahlen in die Kästchen!

herrlich ☐ , achten ☐ , Unterricht ☐ , sprechen ☐

hoffentlich ☐ , vielleicht ☐ , unterscheiden ☐

2 Wo darf man diese Wörter trennen? Setze die Striche!

> hoffentlich, wünschen, erschrecken,
> einfach, die Fläche, stürzen, die Pfütze,
> zusammen, bezahlen

3 Unter welchem Begriff findest du diese Wörter im Wörterbuch? Überprüfe und schreibe die Seitenzahl und die Spalte auf!

das Pärchen – *das Paar   S. 178   Sp. 1*

die Ängste – _____

am besten – _____

er hat gelegen – _____

es nimmt zu – _____

4 Kannst du diese Wörter schreiben?
Das Wörterbuch hilft dir dabei.

1 Setze für den Stern **ch** oder **sch** ein! Schreibe die Wörter dann in die richtige Spalte!

Flä☆e, rau☆en, viellei☆t, wün☆en, tau☆en, Unterri☆t, ra☆, Ta☆e, wa☆en

Achtung! Bei manchen Wörtern sind sogar beide Schreibweisen möglich. Schreibe dort beide auf!

Wörter mit ch	Wörter mit sch
_____	_____
_____	_____
_____	_____
_____	_____
_____	_____

2 Markiere alle gefundenen „Doppelwörter"!

3 Setze nun die richtigen Doppelwörter in die passenden Lücken ein! Achte auf die Personalform!

der Schornstein _____,

ich _____ schmutzige Wäsche,

du _____ Fußballbilder,

der Hund _____ über die Herde

7

1 Schreibe eine Blätterkette! Der letzte Buchstabe des ersten Wortes muss der erste Buchstabe des folgenden Wortes sein.

2 Schreibe mit möglichst vielen Wörtern aus Aufgabe 1 einen Satz! Versuche mehrere Satzglieder einzubauen!

Achte auf Groß- und Kleinschreibung!

_____

_____

_____

_____

1 Bilde zusammengesetzte Farb-Adjektive.
Male passende Teile gleich aus!

grün	Himbeere	Kastanie	Himmel
Schnee	gelb	grau	weiß
braun	schwarz	Frosch	rot
blau	Maus	Sonne	Nacht

2 Schreibe die gefundenen Adjektive auf!

kastanienbraun, _____

_____

_____

3 Suche dir eine Farbe aus, male den Kreis so an! ○
Finde zu dieser Farbe noch zwei weitere
zusammengesetzte Adjektive!

_____

4 Unterstreiche die Subjekte, rahme die Prädikate ein!

Viele Vögel ziehen in warme Länder.
Eichhörnchen legen Wintervorräte an.
Von den Bäumen fällt das Laub.

5 Schreibe nur den Satzkern auf!

viele Vögel ziehen, _____

_____

Markiere immer das Kuckucksei! Untersuche, warum es nicht dazugehört. Ordne dann den Buchstaben der passenden Begründung zu!

Begründungen:
Wortart anders = E
Personalform anders = G
Anzahl anders = N
kein Reimwort = R

Brille	Stille	**Wand**	Grille	R
klappern	schnell	spannen	beginnen	E
stimmst	trennst	kannst	klettert	G
spinnen	können	klein	erinnern	E
Spinne	Wellen	Mappen	Blätter	N

1 Baue einen Satz, in dem alle markierten Wörter vorkommen! Schreibe ihn auf!

10

1 Aus den Substantiven kannst du mit den Nachsilben Adjektive bilden.
Schreibe jedes Substantiv in den passenden Drachenkörper!

Sturm, Wind, Westen, Regen, Nebel, Freund

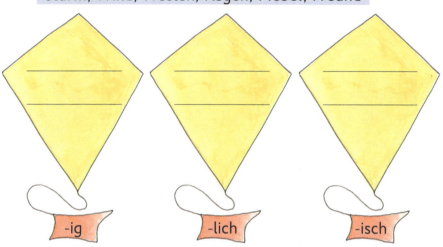

2 Schreibe die gefundenen Adjektive nun richtig auf!

_____

_____

_____

3 Finde Substantive, die zu diesen Adjektiven passen!
Bilde zusammengesetzte Adjektive. Beispiel: Wind + still

_____ + lang = _____

_____ + groß = _____

_____ + rund = _____

11

Bist du fit?

1 Wir schreiben gemeinsam einen Brief.
In welcher Zeitform steht dieser Satz?

_____ | 1

2 Schreibe nun den gleichen Satz
in diesen Zeitformen auf!

Präteritum: _____

_____ | 2

Perfekt: _____

_____ | 2

3 **Überlege** dir immer die richtige Perfektform.
Kreuze an, ob du eine Form von „sein"
oder von „haben" benötigst! | 4

    rechnen: ☐ haben ☐ sein
    gehen: ☐ haben ☐ sein
    kommen: ☐ haben ☐ sein
    sprechen: ☐ haben ☐ sein

Wähle eine Form aus!
Schreibe sie im Perfekt in der „Ich"-Form auf! | 1

_____

_____

12

4 Zerlege die zusammengesetzten Adjektive wieder! Schreibe dann die Wortarten der Teile darunter! | 4 |

zitronengelb:

_____ + _____

Wortarten:

_____ + _____

grauschwarz:

_____ + _____

Wortarten:

_____ + _____

5 Male passende Satzteile mit einer Farbe an! | 3 |

Subjekt	Prädikat	Ergänzung
die Kinder	verstecken	das Getreide
ein Eichhörnchen	ernten	mit Kastanien
der Bauer	basteln	Vorräte

6 Schreibe zwei Sätze richtig auf! | 2 |

_____

_____

_____

Du hast [ ] von 19 Punkten erreicht.

13

1 Eine Traumfee möchte vier Kindern am nächsten Geburtstag einen Wunsch erfüllen. Lies genau und ordne jedem Kind einen Wunsch zu.

in die Südsee reisen

Marlene liebt Tiere.

die meisten Tore schießen

Moritz geht zwei Mal wöchentlich zum Training.

Mirjam träumt von weißen Palmenstränden.

ein Zwergkaninchen kaufen

Martin ist ein Formel-1-Fan.

ein Rennauto fahren

2 Schreibe auf, was die Kinder an ihrem Geburtstag tun werden! Benutze die Zeitform Futur!

Mirjam: *Ich werde in die Südsee reisen* .

Martin: _____

_____.

Marlene: _____

_____.

Moritz: _____

_____.

14

1 Hast du auch solch einen Traum? Schreibe ihn auf wie in Aufgabe 2 auf Seite 14!

Ich _____

_____

_____ .

2 Schreibe die Formen von „werden" in allen Personalformen auf.

ich _____   wir _____

du _____   ihr _____

er, sie, es _____   sie _____

3 Markiere mit der gleichen Farbe, welche Zeitangaben zu welcher Zeitform gehören!

| gestern | | heute |

| morgen | | letzte Woche |

Präteritum / Perfekt   Präsens   Futur

| nächstes Jahr | | nachher |

| jetzt | | übermorgen |

| in diesem Moment | | später |

15

1 äu oder eu? Setze die fehlenden Buchstaben richtig ein! Suche bei den Wörtern mit **äu** nach einem verwandten Wort mit **au**!

Verwandtes Wort mit au?

ein mehrstöckiges Geb___de   _bauen_

den Zug vers___men   _____

der h___tige Tag   _____

Angsttr___me haben   _____

sich über Geschenke fr___en   _____

die Haare einsch___men   _____

Glocken l___ten   _____

Schleier___len betrachten   _____

2 In diesen Botschaften aus dem Klassenbriefkasten hat sich immer ein falsches Wort eingeschlichen. Markiere es!

Wir sollten öfters sind gemeinsam Fußball spielen.
Die Jungen dürfen uns nicht gute immer ärgern.
Ich wünsche mir zum Wandertag wir einen Besuch im Zoo.
Es wäre Freunde toll, wenn immer alle ihre Hausaufgaben machen würden.

 Bilde aus diesen Wörtern einen Satz!

_____

16

1 Verbinde passende Teile!

Boot   Teer   Waage   Beet   Staat

2 Schreibe die zusammengesetzten Substantive mit Artikel auf!

das Blumenbeet, _____

_____

_____

_____

_____

> Achtung, manchmal brauchst du einen Verbindungsbuchstaben!

3 Finde die Gegensätze!

schön – _____   laut – _____

glatt – _____   gerade – _____

billig – _____

4 Schreibe verschiedene Substantive mit der Endung -ung auf!

_____

5 Welche Wortart bildet die Substantive auf -ung?

_____

17

1 Setze die Wörter **dem** oder **den** richtig ein!
Prüfe immer mit den Fragewörtern **Wem?** oder **Wen?**

dem Bruder helfen – _Wem?_

_____ Freund verärgern – _____

_____ Lehrer zuhören – _____

_____ Vater gratulieren – _____

_____ Nachbar grüßen – _____

2 Bilde aus den Notizzetteln jeweils einen sinnvollen Satz!

Kinder
Polizist
beschreiben
Unfall

Die **Kinder** beschreiben _____

_____

Eltern
Jungen
schreiben
Entschuldigung

_____

_____

Setze die Präpositionen **in, ohne, mit, über** und **auf** richtig ein!

Die Schüler sprechen _____ der Lehrerin

_____ die Regeln _____ der Klasse. Sie wollen

_____ Streit _____ dem Schulhof spielen.

1 Lies genau! Rahme den richtigen Buchstaben ein! In der richtigen Reihenfolge ergibt sich daraus ein Lösungswort!

Peter gewinnt den Kampf.	R	Münzen hinken im Wasser.	B
Peter gewinnt den Dampf.	P	Münzen trinken im Wasser.	L
Peter gewinnt den Sumpf.	S	Münzen sinken im Wasser.	F
Herr Berger lenkt den Bus.	EU	Mutter näht den Topf an.	O
Herr Berger denkt den Bus.	AU	Mutter näht den Zopf an.	G
Herr Berger versenkt den Bus.	EI	Mutter näht den Knopf an.	D
Die Hängebrücke dankt.	M		
Die Hängebrücke schwankt.	N		
Die Hängebrücke zankt.	W		

Lösung: ☐ ☐ ☐ ☐ ☐

2 Unterstreiche immer die Reimwörter in Aufgabe 1. Ordne diese nach dem Alphabet!

Dampf, Kampf, Sumpf

19

1 Ordne die Wörter mit ng/nk richtig zu!

Finger, gelingen, hinken, senken, Angst

| ı ı ı | ı ı   ı ı ı | ı ı

_____   _____

| ı | ı ı | ı ı | ı | ı   ı ı ı | ı ı

_____   _____   _____

2 Das Bildwort hat am Ende ein nk!
Bilde mit ihm zusammengesetzte Substantive!
Schreibe sie auf!

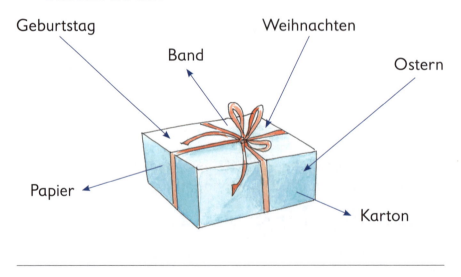

_____

_____

_____

20

1 Suche alle Wörter mit Pf/pf!

A	P	F	E	L	X	P	V	Ü
W	N	A	P	F	G	F	N	P
Q	P	F	A	N	N	E	Y	F
S	T	O	P	F	C	I	P	E
Ä	K	K	A	M	P	F	F	R
O	P	F	L	U	G	E	A	D
P	F	L	A	U	M	E	U	H

2 Schreibe sie geordnet auf:

Tiere: _____

Küchengeräte: _____

Obst: _____

andere Gegenstände: _____

Wettstreit: _____

3 Von vier Substantiven aus Aufgabe 2 kannst du ein Verb ableiten. Schreibe so:

der Topf – töpfern

_____

_____

_____

21

1 Male nur die Felder mit Verben im Präteritum aus!

ich bin gestürzt • ich stürze • ich habe gespitzt • ich spielte • ich stürzte • ich spiele • ich spreche • ich spitzte • ich habe gesprochen • ich spitze • ich sprach • ich habe gespielt

Suche aus Aufgabe 1 alle Perfektformen heraus und setze sie zum richtigen Bild!

ich habe _____

_____

_____

_____

1 Verbinde die passenden Sätze und benutze dazu die Bindewörter **weil, denn** oder **damit**!
Schreibe mindestens zwei Sätze auf!

| Ich hole schnell meinen Schlitten. | Sie hat die Handschuhe vergessen. |

| Mutti gibt uns heißen Tee mit. | Wir gehen heute rodeln. |

| Simon ruft seine Schwester zurück. | Wir können uns aufwärmen. |

_____

_____

_____

_____

2 Kannst du die Eiszapfenwörter wieder zusammenbauen? Schreibe sie unten vollständig auf!

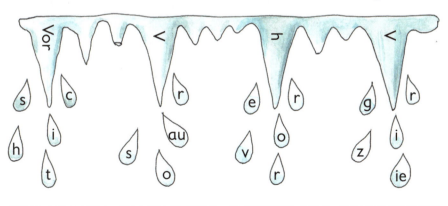

_____

1 Verbinde die Wortteile mit dem richtigen Baustein!

-bot -trag -gang -such -name -kehr -letzung

2 Setze die passenden Substantive aus Aufgabe 1 ein!

ein _____ aussprechen

den _____ regeln

die _____ behandeln

den _____ nennen

einen _____ halten

3

loHal, ritzMo,
teheu tagMit fenTref in
der laufEislehal!
anriFlo und niTo menkom auch.
leVie ßeGrü
vinKe

Geheime Botschaft! Kannst du sie entziffern?

Treffpunkt: _____

Zeitpunkt: _____

Teilnehmer: _____

Absender: _____

Adressat: _____

1 Male die Weihnachtskugeln in der richtigen Farbe aus!

St 🔴   st 🟡   Sp 🔵   sp 🟢

◯iegel   ◯adion   ◯aubig

◯itz   ◯ielen   Kno◯e

ko◯en   li◯ig   ◯ort

◯arten   ◯reiten

2 Suche aus der Aufgabe 1 die vier Verben heraus! Schreibe sie auf!

_____

3 Suche ein Verb aus und setze es in diese Zeitformen!

Grundform: _____

Präsens: ich _____

Präteritum: ich _____

Perfekt: ich _____

4 Suche die Adjektive und steigere sie!

_____

_____

_____

_____

1 Verbinde jedes Bild mit dem richtigen Tier.

Sittich

Hund

Bär

Hamster

Katze

2 Schreibe den richtigen Tiernamen mit Artikel aus Aufgabe 1 darunter!

lebt am Nordpol

ist nachtaktiv

fängt Mäuse

_____   _____   _____

ist ein Vogel

hält die Herde zusammen

_____   _____

1 Setze entweder ss oder ß ein!

der Klo___ , der Flu___ , die Ka___e,
der Spa___ , das Schlo___ ,
der Flei___ , der Bi___ , der Strau___

Prüfe, ob der Selbstlaut kurz oder lang ist.

2 Füge nun die gefundenen Wörter in die richtige Lücke ein!

einen _____ bunter Blumen verschenken

ohne _____ kein Preis

der tödliche _____ der Giftschlange

ein _____ auf dem Teller

viel _____ haben

die _____ im Supermarkt

3 Ordne die eingesetzten Wörter nach dem Abc!

_____

_____

_____

4 Suche immer die Grundform!

er fraß – _____

er floss – _____

er biss – _____

27

1 Luca und Tina haben Einkaufszettel in Geheimschrift geschrieben. Kannst du sie entziffern?

	1	2	3	4	5
1	A	B	C	D	E
2	F	G	H	I	J
3	K	L	M	N	O
4	P	Q	R	S	T
5	U	V	W	X	Y
6	Z	Ä	Ö	Ü	ß

D = 14

Luca
44 45 43 15 51

_____

23 15 51

_____

Tina
53 11 44 44 15 43 21 32 63 23 15

_____

Welche Tiere haben die Kinder?

Luca hat _____.

Tina hat _____.

2 Schreibe die Namen *Luca* und *Tina* in Geheimschrift!

Luca _____   Tina _____

28

1 Finde verwandte Wörter!
Färbe die Kästchen mit gleicher Farbe!

das Maß	beißen	das Schloss	gießen
schließen	der Guss	reißen	messen
der Riss	der Fraß	fressen	der Biss

2 Schreibe die verwandten Wörter so auf:
Markiere rot, was sich ändert!

der Riss _____ aber reißen _____

_____ aber _____

_____ aber _____

_____ aber _____

_____ aber _____

_____ aber _____

3 Setze „reißen" mit den Bausteinen zusammen!
Füge die entstandenen Verben in die richtige Lücke ein!

| ent- | ab- | um- | zer- | aus- |

Mutti _____ ein Kalenderblatt _____.

Der Dieb _____ der Frau die Tasche.

David _____ Unkraut _____.

Susi _____ den alten Zettel.

Linus _____ aus Versehen die Vase _____.

29

Bist du fit?

1 Setze „dem" oder „den" richtig ein! | 3

in _____ Garten gehen, auf _____ Schulhof spielen,

_____ Vater helfen, hinter _____ Haus stehen,

_____ Freund besuchen, auf _____ Korb zielen

2 Prüfe diese Aussagen! Setze in die Kästchen „R" für richtig und „F" für falsch ein! | 4

Nach dem Subjekt fragen wir „Wem?" oder „Was?". ☐
Die Ergänzung zum Prädikat heißt Objekt. ☐
Mit der Nachsilbe -ung kann man Substantive bilden. ☐
Wenn wir über Vergangenes sprechen,
verwenden wir die Zeitform Futur. ☐

3 Male jeweils drei passende Satzteile mit einer Farbe aus! | 3

Ich brauche eine Schürze,	weil	er den Kamin heizen kann.
Vati hackt Holz,	denn	morgen Wandertag ist.
Lisa packt ihren Rucksack,	damit	ich möchte mit Farbe malen.

4 Schreibe einen Satz auf! | 1

5 Bilde mit diesen Wörtern einen Aussagesatz und einen Fragesatz! Schreibe sie richtig auf! | 4 |

SPIELEN   LEON   IN DER HALLE

MIT FREUNDEN   HANDBALL

_____

_____

_____

_____

6 Setze einen deiner Sätze ins Futur! Schreibe ihn auf! | 2 |

_____

_____

7 Setze eu oder äu richtig ein! | 2 |

die L___te, h___te, vers___men, das H___, tr___men, verb___gen, viele Nadelb___me, aufr___men

8 Schreibe **nur die Verben** nach dem Alphabet geordnet auf! | 2 |

_____

_____

Du hast [   ] von 21 Punkten erreicht.

31

1 Sieh dir die Wegkarte genau an!
Zeichne den Weg vom Rathaus bis zum Hotel ein!

 Trage in diese Wegbeschreibung die richtigen Präpositionen ein!

Der Weg beginnt _____ Rathaus und führt _____ eine Brücke. An der nächsten Kreuzung muss man rechts _____ die Bergstraße einbiegen. Dann kommt man _____ einem Denkmal vorbei, geht _____ den alten Markt und biegt links _____ dem Theater ein. _____ dem gesuchten Hotel stehen zwei Springbrunnen.

32

> Hörst du das Ende nicht genau,
> verlängere, dann bist du schlau!

1 **d** oder **t**?
Bilde immer die Mehrzahl!
Entscheide dich dann für den richtigen Endbuchstaben!

Einzahl	Mehrzahl
der Aben*d*	*die Abende*
der Sala	
die Wan	
das Ra	
das Schil	
das Verbo	
das Lan	
das Plaka	
die No	

2 Male die Gegensatzpaare immer mit einer Farbe an!

krank	biegsam	dunkel	bekannt
fröhlich	faul	gesund	trüb
starr	klar	hell	traurig
fleißig	sauber	fremd	schmutzig

33

Bestimmer stehen vorne dran,
das Grundwort stellt sich hinten an.

1 Ordne die Ortsnamen nach der Wortart ihrer **Bestimmungs**wörter! Schreibe sie richtig auf!

OFFENBURG **LOBENSTEIN** **VOGELSBERG**

WÜNSCHENDORF **ROSENHEIM**

BITTERFELD **NEUSTADT**

Adjektiv: *Bitterfeld,* _____

Verb: _____

Substantiv: _____

Kannst du diese Ortsnamen den richtigen Autokennzeichen zuordnen?

Freiberg, Magdeburg, Bautzen, Erfurt, Hansestadt Rostock

HRO = _____

FG = _____

BZ = _____

EF = _____

MD = _____

1 Verbinde die Buchstaben der Verben in der richtigen Reihenfolge!

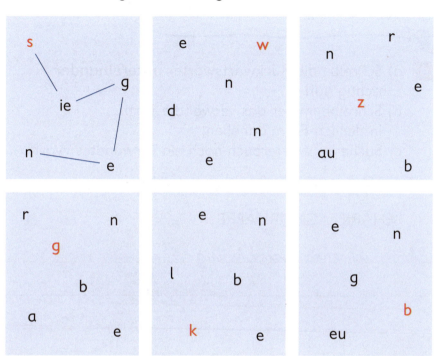

2 Schreibe zwei oder drei Sätze auf, in denen mindestens ein Verb aus Aufgabe 1 vorkommt!

Ein Selbstlaut hängt das „h" gern an, damit er lang sich dehnen kann.

1 a) Schreibe die Rückwärtswörter **untereinander** richtig auf!
b) Schreibe immer das verwandte Verb in der Ich-Form daneben!
c) Suche im Wörterbuch noch ein verwandtes Wort!

| ERHE | EHUR | ENHEL | EHÜM |
| EHÄRK | GNURHAFRE |

Ehre – ich ehre – die Ehrung

_____
_____
_____
_____

2 Kannst du die seltsamen Wörter erraten? Schreibe sie auf!

s**8**chte _____   Kla**4** _____
Ab**2**g _____   **3**klang _____
1am _____   ver**7** _____
Verd**8** _____   **11**en _____

Errate die Wörter! Schreibe sie dazu!

 r

aus Wüste wird

Würste

 r

aus Ente wird

_____

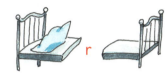 r

aus Bett wird

_____

 s

aus Kirche wird

_____

 l

aus Schüssel wird

_____

1 Unterstreiche alle Ortsangaben grün und alle Zeitangaben blau!

aus Jena	zu Ostern	auf dem Flughafen
in zwei Tagen		um 8.30 Uhr
	zu meinem Geburtstag	
letzte Woche		neben dem Haus
	im Reisebus	
jedes Jahr		übermorgen
	auf dem Baum	

1 Suche immer aus jedem Kästchen einen Teil aus und schreibe drei sinnvolle Sätze!

Die Krokusse treiben ihre Blüten aus den Zwiebeln.

1 In allen Lösungswörtern steckt ein „ie"!
Trage die Lösungen richtig ein!

darauf fährt der Zug   S C H I E N E

dort siehst du dich   ☐☐☐☐☐☐☐

bezahlt man für die Wohnung ☐☐☐☐☐

ein Gelenk am Bein   ☐☐☐☐

Gewinner   ☐☐☐☐☐☐

steht vor der Acht   ☐☐☐☐☐☐

kann deine Nase   ☐☐☐☐☐☐☐

das können Vögel   ☐☐☐☐☐☐☐

nicht gerade   ☐☐☐☐☐☐

2 Trenne die einzelnen Wörter durch Striche ab!
Schreibe den Satz dann auf!

Achte auf Groß- und Kleinschreibung!

IMFRÜHLINGKEHRENDIEZUGVÖGELWIEDERZUUNSZURÜCK.

_____

_____

39

Suche aus der Wörtersammlung immer ein richtiges Wort aus und schreibe es auf den Dominostein!

Subst. EZ 2 Silben	Schiene — Verb 3.P. EZ

er fliehst — Adj. Mehrstufe

EZ = Einzahl
MZ = Mehrzahl
P. = Person
Subst. = Substantiv
Adj. = Adjektiv

Adj. Meiststufe

Subst. EZ 3 Silben

Verb 1.P. EZ

Dienste
am niedrigsten
du fliegst
Unterschied
schief
ihr riecht
zierlicher
ich siege

Verb 2.P. MZ

Verb 2.P. EZ

Adj. Grundstufe

Subst. MZ 2 Silben

40

1 Setze die Klammerwörter in der richtigen Form ein!

Gestern _____ wir

im Sportunterricht durch Reifen. (kriechen)

Achte auf die Zeitform!

Immer wieder _____ mein

Wellensittich auf die Gardinenstange. (fliegen)

Vorige Woche _____ mein Vater

ein großes Auto. (mieten)

Morgen _____ ich die neue Eissorte

_____. (probieren)

Gerade _____ ich die Äpfel. (wiegen)

_____ nicht ins Heft! (schmieren)

2 Suche dir aus Aufgabe 1 drei Verben aus. Setze sie mit den Bausteinen zu Wörtern zusammen, die sinnvoll sind. Schreibe die gefundenen Wörter auf!

| ab- | ver- | an- | durch- | mit- | auf- |

_____

_____

_____

_____

_____

41

1 Setze immer einen Begleitsatz
und die dazugehörige wörtliche Rede zusammen!
Male sie mit gleicher Farbe aus!

Mutter ruft   stöhnt Ben   Lili fragt   schimpft Tim

Wir haben wieder verloren   Kommt alle essen

Gehst du mit ins Kino   Ich habe schlimme Zahnschmerzen

2 Schreibe die vollständigen Sätze auf!
Achte auf richtige Zeichensetzung!

1 In unserer Sprache haben sich viele Fremdwörter versteckt. Suche sie im Wörterbuch!
Schreibe immer die Erklärung und die Seitenzahl dazu!

Camp   _Feldlager   Seite 109_

Lasagne   _____

City   _____

Curry   _____

Laptop   _____

Setze die Fremdwörter aus Aufgabe 1
mit den passenden Substantiven zusammen!

| Tasche | Ferien | Wurst | Lage |

Schreibe so: _das Feriencamp,_ _____

_____

2 Setze die Wörter mit ck richtig in die Sätze ein!

| trocken | Glück | Strecke |
| entdecken | knacken |

Im Feriencamp wanderten wir eine weite _____

im Wald. Sogar einen Fuchsbau _____ wir.

Aber plötzlich _____ es.

Zum _____ war es nur ein _____ Ast.

43

1 Schreibe die Wörter vollständig auf!

z oder tz?

die Hi☆e, das Her☆, der Pel☆, der Wi☆, nü☆en, schmer☆lich, stür☆en, plö☆lich, schwi☆en, hei☆en, der Ar☆t

___

2 Suche zu den Substantiven verwandte Adjektive!

die Hitze — hitzig

die Hitze — hitzig

___ — ___

___ — ___

___ — ___

___ — ___

3 Trenne die Satzschlange!

DERSCHUTZANZUGMUSSDIEASTRONAUTENVORDERHITZESCHÜTZEN.

1 Ordne die Wörter dem richtigen Raumschiff zu!

wecken   locker   Zweck   erstrecken   Schreck

bücken   Block   verstecken   blicken   entdecken

Glück   trocken

drei Silben

zwei Silben

Trenne alle Wörter,
bei denen das möglich ist!
Schreibe sie getrennt auf!

eine Silbe

45

Bist du fit?

1 Setze immer die richtige Präposition ein! |3

über   in   vor   neben   an   auf

_____ der Suppe rühren, _____ den Wolken fliegen,

_____ der Lauer liegen, _____ dem Freund sitzen,

_____ der Haustür klingeln, _____ der Arbeit üben

2 Wer könnte hier sprechen?
Setze eine Person ein! |1

Räume endlich dein Zimmer auf!

Wollen wir uns wieder vertragen?

_____   _____

Schreibe nun die vollständigen Sätze
der wörtlichen Rede mit Begleitsätzen auf!
Achte auf richtige Zeichensetzung! |4

_____

_____

_____

_____

3 Schreibe die vollständigen Wörter in den richtigen Koffer! | 3 |

Glan☆, Schmu☆, Gei☆, Schmer☆, Wi☆, Tro☆

4 Bilde aus den Substantiven der Aufgabe 3 verwandte Adjektive! Schreibe sie auf! | 6 |

_____

_____

5 Suche in jeder Zeile das Kuckucksei! Streiche es durch! | 4 |

ehren, gerne, dehnen, stehen, drehen

Dach, Fenster, Tür, Eis, Wand

saß, rannte, kam, holte, isst

Affe, **B**irne, **C**ola, **K**ind, **E**lefant

6 Schreibe einen Satz, in dem alle Kuckuckseier vorkommen! | 2 |

_____

Du hast ☐ von 23 Punkten erreicht.

Welche Eigenschaft trifft nicht auf das Substantiv zu? Unterstreiche sie!
Aus den Anfangsbuchstaben der unterstrichenen Wörter entsteht ein Lösungswort.

Glas: sauber, zerbrechlich, rostig

Wanderschuhe: staubig, intelligent, haltbar

Brief: cremig, kurz, lustig

Zimmer: klein, ordentlich, höflich

Schnecke: schleimig, teuer, gefräßig

Mond: hell, italienisch, groß

Banane: süß, genial, essbar

Lösung: ☐☐☐☐☐☐☐

1 Suche ein Substantiv aus und arbeite genauso!

_____ : _____

2 Suche fünf Adjektive ohne Nachsilbe heraus und steigere sie! Schreibe so:

sauber – sauberer – am saubersten

48

1 Räume die Adjektive von Seite 48 ins richtige Regalfach ein!

Nachsilbe -lich	Nachsilbe -ig
Nachsilbe -isch	Nachsilbe -bar

2 Bilde mit Hilfe der Nachsilben aus den Adjektiven Substantive!

-ung, -heit, -keit

krank   sauber   flüssig   verunreinigt

49

1 **Wörter mit chs, cks, ks, x**
Ergänze die fehlenden Buchstaben bei den Wörtern im Labyrinth!

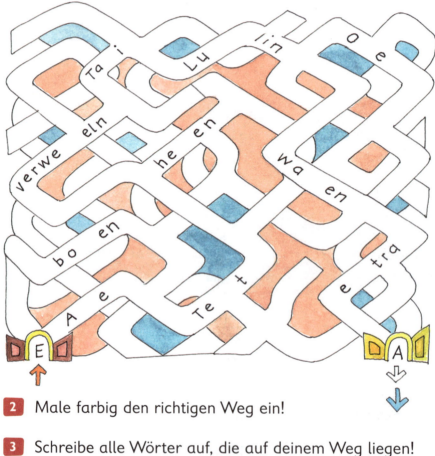

2 Male farbig den richtigen Weg ein!

3 Schreibe alle Wörter auf, die auf deinem Weg liegen!

Wörterbuch-Rechnungen
Suche die abgebildeten Wörter im Wörterbuch!
Notiere immer die Seitenzahl!
Führe dann die dazugehörige Rechnung aus!

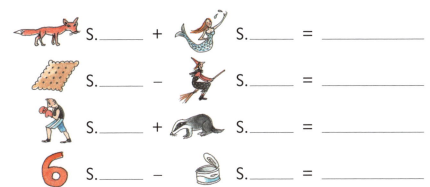

1 Schreibe die Bildwörter mit Artikel auf!

_____

_____

_____

_____

2 Welche Person mit x wird hier gesucht?

GESUCHT wird _____

zuletzt gesehen: im Märchenwald

Besonderheiten: sehr alt, murmelt seltsame Sprüche,
fliegt auf einem Besen

1 Finde die richtige Reihenfolge der Dominosteine!
Male die Teile der Steine, die zusammen passen,
in der gleichen Farbe an!

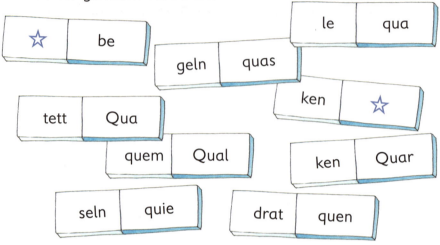

2 Schreibe die Wörter vollständig auf,
ordne sie nach Wortarten!

Substantive: _____

Verben: _____

Adjektive: _____

3 Suche dir ein Verb aus der Aufgabe 2 aus
und bilde alle Personalformen im **Präteritum**!

Grundform:

ich _____   wir _____

du _____   ihr _____

er, sie, es _____   sie _____

1 Setze die Verben aus der Aufgabe 2 von Seite 52 richtig ein!

das _____

der _____ laut

ein kleines _____

junge _____

2 Ordne alle Wörter aus der Aufgabe 2 von Seite 52 nach dem Alphabet!

_____

_____

_____

_____

Achtung! Gleicher Anfangsbuchstabe!

3 Hier hat sich immer ein falsches Wort eingeschlichen. Unterstreiche es und schreibe das richtige Wort daneben!

Wer andern einen Graben gräbt,
fällt selbst hinein. _____

Hunde, die bellen, fressen nicht. _____

Morgenstund hat Geld im Mund. _____

Übermut tut immer gut. _____

1 Immer zwei Silben ergeben ein Wort. Suche die passenden Teile, male sie mit gleicher Farbe an!

2 Was kann man am Strand alles tun?
Setze passende Wörter aus Aufgabe 1 ein!

Muscheln _____

bei schönem _____ baden

im Meer _____

in die _____ hüpfen

Sandeimer _____

leckeres Eis _____

sich in den Schatten _____

1 Kannst du die Geheimschrift lösen?

S = Selbstlaut   U = Umlaut   Z = Zwielaut   M = Mitlaut

Ordne die Wörter unten der richtigen Geheimschrift zu!

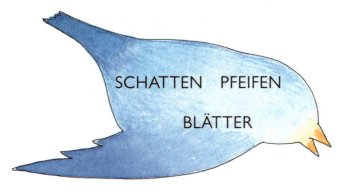

SCHATTEN   PFEIFEN   BLÄTTER

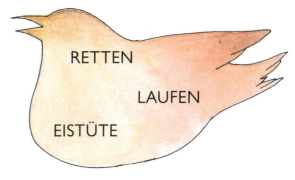

RETTEN   LAUFEN   EISTÜTE

MMMSMMSM = _____

MSMMSM = _____

ZMMUMS = _____

MMZMSM = _____

MMUMMSM = _____

MZMSM = _____

55

1 Lies den Text! Zeichne die Satzgrenzen und die Wortgrenzen mit zwei verschiedenen Farben ein!

VORDEMBADENSOLLMANSICHIMMER

ABKÜHLENNACHDEMSCHWIMMENMUSS

MANTROCKENESACHENANZIEHENDIEHAUT

SOLLTEMANVORSONNENBRANDSCHÜTZEN

DIEMITTAGSHITZEVERBRINGTMANAM

BESTENIMSCHATTEN

2 Schreibe drei Sätze aus Aufgabe 1 auf! Achte auf Groß- und Kleinschreibung!

3 Formuliere den noch fehlenden Satz so um, dass er eine Aufforderung ist! Schreibe ihn auf!

Kannst du den Schlüssel-Code knacken?

S = Substantiv

2 = _____

MZ = _____

1 Suche nun die richtigen Schlüssel für diese Türen.
Male beide mit gleicher Farbe aus!

2 Suche ein Wort für den übrigen Schlüssel!

_____

3 Was wünscht dir der ?

○ = E   ◊ = U   △ = I   □ = A

○ △ n ○ n   g ◊ t ○ n   St □ rt   △ n   Kl □ ss ○ 5!

_____

57

Bist du fit?

Trage in die Kästchen die richtige Zahl ein!

Wer bin ich? ☐ Ich bin eine Wortart. Ich werde immer großgeschrieben.	Wer bin ich? ☐ Ich bin eine Wortart. Ich bezeichne Namen für Menschen, Tiere, Pflanzen und Gegenstände.
Wer bin ich? ☐ Ich bin eine Wortart. Ich kann in der Einzahl und in der Mehrzahl stehen.	Wer bin ich? ☐ Ich bin eine Wortart. Ich sage, **wie** etwas ist.
Wer bin ich? ☐ Ich bin eine Wortart. Ich sage, was jemand tut oder was geschieht.	Wer bin ich? ☐ Ich bin eine Wortart. Ich habe eine Grundform und Personalformen.
Wer bin ich? ☐ Ich bin eine Wortart. Mich kann man steigern.	Wer bin ich? ☐ Ich bin ein besonderer Satz. Ich stehe entweder vor, nach oder zwischen der wörtlichen Rede.

Lösungen: 1 = Substantiv, 2 = Verb, 3 = Adjektiv,
4 = Subjekt, 5 = Wortstamm, 6 = Artikel,

Wer sind wir? ☐ Wir haben alle den gleichen Wortstamm.	Wer bin ich? ☐ Ich bin eine Wortart. Ich kann in verschiedenen Zeitformen stehen.
Wer bin ich? ☐ Ich bin ein wichtiges Satzglied. Nach mir fragt man: Wer …? oder Was …?	Wer sind wir? ☐ Wir sind besondere Laute. Mindestens einer von uns steht in jeder Silbe.
Wer bin ich? ☐ Ich bin ein wichtiger Teil im Wort. An mich kann man Endungen hängen oder mich mit Bausteinen erweitern.	Wer bin ich? ☐ Ich bestehe aus einem Grundwort und einem Bestimmungswort.
Wer sind wir? ☐ Wir sind kleine Wörter. Wir begleiten Substantive.	Wer bin ich? ☐ Ich bin ein kleines Wort. Ich kann Substantive ersetzen.

7 = zusammengesetztes Substantiv, 8 = Pronomen,
9 = Wortfamilie, 10 = Selbstlaut, 11 = Begleitsatz

Lösungsseite

Seite 4

Nr. 1 ich bin/habe; du bist/hast; er, sie, es ist/hat;
wir sind/haben; ihr seid/habt; sie sind/haben

Nr. 2 ich lachte/ich habe gelacht; ich rechnete/ich habe
gerechnet; ich lief/ ich bin gelaufen; ich warf/
ich habe geworfen; ich ging/ich bin gegangen;
ich hatte/ich habe gehabt; ich sprang/ich bin
gesprungen

Seite 5

🐌 Gestern besichtigten wir eine alte Burg. Wir trafen
und pünktlich 9 Uhr vor der Schule. Mein
Nachbar war schon da. Auch achteten wir gut auf
unsere Sachen. Am Schluss überraschte uns die
Lehrerin noch mit einem Eis.

Nr. 1 Liebe Burgbesucher! Bedenken Sie bei der
Besichtigung der alten Burg, dass Ihnen die
Burggeister wohl gesonnen bleiben. Werfen Sie
daher Ihren Müll nur in die aufgestellten Eimer.
Herzlichen Dank, Ihre Burgherren

Seite 6

Nr. 1 achten (1), herrlich (2), hoffentlich (3),
sprechen (4), Unterricht (5), unterscheiden (6),
vielleicht (7)

Nr. 2 hof-fent-lich, wün-schen, er-schre-cken, ein-fach,
die Flä-che, stür-zen, die Pfüt-ze, zu-sam-men,
be-zah-len

Nr. 3 die **Angst**: Seite 93, Spalte 2, **gut**: Seite 138,
Spalte 1, **liegen**: Seite 164, Spalte 1,
zunehmen: Seite 238, Spalte 1

Nr. 4 das Thermometer, der Comic,
der/das Ketchup

Seite 7

Nr. 1 Wörter mit **ch**: Fläche, rauchen, vielleicht,
tauchen, Unterricht, wachen
Wörter mit **sch**: rauschen, wünschen, tauschen,
rasch, Tasche, waschen

Nr. 2 rauchen/rauschen, tauchen/tauschen,
wachen/waschen

Nr. 3 der Schornstein raucht, ich wasche schmutzige
Wäsche, du tauschst Fußballbilder, der Hund
wacht über die Herde

Seite 8

Nr. 1 Wind, Drachen, nass, steigen, noch, hoch, Herbst

Nr. 2 Beispiel: Der Drachen steigt im Herbst bei Wind
hoch.

Seiten 9

Nr. 1/2 himmelblau, himbeerrot, froschgrün, schneeweiß,
sonnengelb, mausgrau, nachtschwarz

Nr. 4 Viele Vögel ⟨ziehen⟩ in warme Länder.
Eichhörnchen ⟨legen⟩ Wintervorräte ⟨an⟩.
Von den Bäumen ⟨fällt⟩ das Laub.

Nr. 5 Eichhörnchen legen an, das Laub fällt

Seite 10

🐌 Wand (R), schnell (E), klettert (G), klein (E),
Spinne (N)/Lösungswort: Regen

Nr. 1 Beispiel: Schnell klettert die kleine Spinne
an der Wand.

Seite 11

Nr. 1/2 **-ig:** windig, neblig/**-lich:** westlich, freundlich/
-isch: stürmisch, regnerisch

Nr. 3 Meter + lang = meterlang, Riese + groß =
riesengroß, Kugel + rund = kugelrund

Seite 12/13

Nr. 1 Präsens

Nr. 2 Präteritum: Wir schrieben gemeinsam einen Brief.
Perfekt: Wir haben gemeinsam einen Brief
geschrieben.

Nr. 3 rechnen: haben/gehen: sein/
kommen: sein/sprechen: haben
Ich habe gerechnet, ich bin gekommen,
ich bin gegangen, ich habe gesprochen

Nr. 4 Zitrone + gelb: Substantiv + Adjektiv/
grau + schwarz: Adjektiv + Adjektiv

Nr. 5/6 Die Kinder basteln mit Kastanien.
Ein Eichhörnchen versteckt Vorräte.
Der Bauer erntet das Getreide.

Seite 14

Nr. 1 Marlene: ein Zwergkaninchen kaufen/
Moritz: die meisten Tore schließen
Mirjam: in die Südsee reisen/
Martin: ein Rennauto fahren

Nr. 2 Martin: Ich werde ein Rennauto fahren.
Marlene: Ich werde ein Zwergkaninchen kaufen.
Moritz: Ich werde die meisten Tore schießen.

Seite 15

Nr. 2 ich werde, du wirst, er/sie/es wird, wir werden,
ihr werdet, sie werden

Nr. 3 Präteritum/Perfekt: gestern, letzte Woche
Präsens: heute, jetzt, in diesem Moment
Futur: morgen, nächstes Jahr, nachher,
übermorgen, später

60

Seite 16
Nr. 1 ein mehrstöckiges Gebäude – bauen,
den Zug versäumen – der Saum, der heutige Tag,
Angstträume haben – der Traum, sich über
Geschenke freuen, die Haare einschäumen –
der Schaum, Glocken läuten – der Laut,
Schleiereulen betrachten
Nr. 2 sind, gute, wir, Freunde
🐾 Wir sind gute Freunde.

Seite 17
Nr. 1/2 der Bienenstaat, der Straßenteer/die Teerstraße,
die Briefwaage, das Schlauchboot
Nr. 3 schön – hässlich, glatt – rau, billig – teuer,
laut – leise, gerade – schief (schräg)
Nr. 4 Beispiel: Werbung, Schonung, Erkrankung,
Entscheidung
Nr. 5 Verben

Seite 18
Nr. 1 den Freund verärgern – Wen?
dem Lehrer zuhören – Wem?
dem Vater gratulieren – Wem?
den Nachbar grüßen – Wen?
Nr. 2 Die Kinder beschreiben dem Polizisten den Unfall.
Die Eltern schreiben dem Jungen eine
Entschuldigung.
🐾 Die Schüler sprechen mit der Lehrerin über
die Regeln in der Klasse.
Sie wollen ohne Streit auf dem Schulhof spielen.

Seite 19
Nr. 1 Lösung: FREUND
Nr. 2 lenkt, denkt, versenkt/dankt, schwankt, zankt/
hinken, trinken, sinken/Topf, Zopf, Knopf

Seite 20
Nr. 1 hinken, Finger, gelingen, Angst, senken
Nr. 2 das Geburtstagsgeschenk, das Geschenkband,
das Weihnachtsgeschenk, das Ostergeschenk,
der Geschenkkarton, das Geschenkpapier

Seite 21
Nr. 1

Nr. 2 Tiere: Pferd, Pfau/Küchengeräte: Pfanne, Topf/
Obst: Apfel, Pflaume/andere Gegenstände: Napf,
Pflug, Pfeife/Wettstreit: Kampf
Nr. 3 der Topf – töpfern, der Pflug – pflügen,
die Pfeife – pfeifen, der Kampf – kämpfen

Seite 22
Nr. 1 ich spielte, ich sprach, ich stürzte, ich spitzte
🐾 ich habe gesprochen, ich habe gespitzt,
ich bin gestürzt, ich habe gespielt

Seite 23
Nr. 1 Ich hole schnell meinen Schlitten, denn wir gehen
heute rodeln.
Mutti gibt uns heißen Tee mit, damit wir uns
aufwärmen können.
Simon ruft seine Schwester zurück, weil sie ihre
Handschuhe vergessen hat.
Nr. 2 Vorsicht, voraus, hervor, vierzig

Seite 24
Nr. 1 Verbot, Vertrag, Vortrag, Vorgang, Versuch,
Vorname, Verkehr, Verletzung
Nr. 2 ein Verbot aussprechen, den Verkehr regeln,
die Verletzung behandeln, den Vornamen nennen,
einen Vortrag halten
Nr. 3 Treffpunkt: Eislaufhalle/Zeitpunkt: heute Mittag/
Teilnehmer: Tino, Florian/Absender: Kevin/
Adressat: Moritz

Seite 25
Nr. 1 Spiegel, Stadion, staubig, spitz, spielen, Knospe,
kosten, listig, Sport, starten, streiten
Nr. 2 spielen, kosten, starten, streiten
Nr. 3 spielen: ich spiele, ich spielte, ich habe gespielt
kosten: ich koste, ich kostete, ich habe gekostet
starten: ich starte, ich startete,
ich bin gestartet/ich habe gestartet
streiten: ich streite, ich stritt, ich habe gestritten
Nr. 4 staubig – staubiger – am staubigsten,
spitz – spitzer – am spitzesten,
listig – listiger – am listigsten

Seite 26
Nr. 1 der Schäferhund, der Goldhamster,
der Wellensittich, die Hauskatze, der Eisbär
Nr. 2 Der Eisbär lebt am Nordpol.
Der Goldhamster ist nachtaktiv.
Die Hauskatze fängt Mäuse.
Der Wellensittich ist ein Vogel.
Der Schäferhund hält die Herde zusammen.

Seite 27
Nr. 1 der Kloß, der Fluss, die Kasse, der Spaß,
das Schloss, der Fleiß, der Biss, der Strauß
Nr. 2 einen Strauß bunter Blumen verschenken,
ohne Fleiß kein Preis, der tödliche Biss der
Giftschlange, ein Kloß auf dem Teller, viel Spaß
haben, die Kasse im Supermarkt
Nr. 3 Biss, Fleiß, Kasse, Kloß, Spaß, Strauß
Nr. 4 fressen, fließen, beißen

Seite 28
Nr.1 Luca: Streu, Heu / Tina: Wasserflöhe
Luca hat einen Hasen (oder Kaninchen) oder ein Meerschweinchen.
Tina hat Fische.
Nr.2 Luca: 32, 51, 13, 11; Tina: 45, 24, 34, 11

Seite 29
Nr.1/2 das Maß – messen, der Biss – beißen,
das Schloss – schließen, der Guss – gießen,
der Fraß – fressen
Nr.3 Mutti reißt ein Kalenderblatt ab. Der Dieb entreißt der Frau die Tasche. David reißt Unkraut aus.
Susi zerreißt den alten Zettel.
Linus reißt aus Versehen die Vase um.

Seite 30/31
Nr.1 in den Garten gehen, auf dem Schulhof spielen,
dem Vater helfen, hinter dem Haus stehen,
den Freund besuchen, auf den Korb zielen
Nr.2 F, R, R, F
Nr.3/4 Ich brauche eine Schürze, denn ich möchte mit Farben malen.
Vati hackt Holz, damit er den Kamin heizen kann.
Lisa packt ihren Rucksack, weil morgen Wandertag ist.
Nr.5 Beispiel: Leon spielt mit Freunden in der Halle Handball.
Spielt Leon mit Freunden in der Halle Handball?
Nr.6 Beispiel: Leon wird mit Freunden in der Halle Handball spielen.
Wird Leon mit Freunden in der Halle Handball spielen?
Nr.7 die Leute, heute, versäumen, das Heu, träumen, verbeugen, viele Nadelbäume, aufräumen
Nr.8 aufräumen, träumen, verbeugen, versäumen

Seite 32
Nr.1

 Der Weg beginnt am Rathaus und führt über eine Brücke. An der nächsten Kreuzung muss man rechts in die Bergstraße einbiegen. Dann kommt man an einem Denkmal vorbei, geht über den alten Markt und biegt links vor dem Theater ein.
Neben dem gesuchten Hotel stehen zwei Springbrunnen.

Seite 33
Nr.1 der Salat – die Salate, die Wand – die Wände,
das Rad – die Räder, das Schild – die Schilder,
das Verbot – die Verbote, das Land – die Länder,
das Plakat – die Plakate, die Not – die Nöte
Nr.2 fröhlich – traurig, krank – gesund, biegsam – starr,
fleißig – faul, klar – trüb, sauber – schmutzig,
dunkel – hell, fremd – bekannt

Seite 34
Nr.1 Adjektiv: Offenburg, Neustadt
Verb: Lobenstein, Wünschendorf
Substantiv: Vogelsberg, Rosenheim
HRO = Hansestadt Rostock, FG = Freiberg,
BZ = Bautzen, EF = Erfurt, MD = Magdeburg

Seite 35
Nr.1 siegen, wenden, zaubern, graben, kleben, beugen

Seite 36
Nr.1 Ruhe – ich ruhe – ruhig
Lehne – ich lehne – anlehnen
Mühe – ich mühe mich – mühsam
Krähe – ich krähe – er hat gekräht
Erfahrung – ich erfahre – er erfährt
Nr.2 sachte, Abzweig, einsam, Verdacht, Klavier, Dreiklang, versieben, Elfen

Seite 37
Wüste–Würste, Bett–Brett, Ente–Ernte, Kirche–Kirsche, Schüssel–Schlüssel
Nr.1 Ortsangaben: aus Jena, im Reisebus, auf dem Baum, auf dem Flughafen, neben dem Haus
Zeitangaben: in zwei Tagen, letzte Woche, jedes Jahr, zu Ostern, zu meinem Geburtstag, um 8.30 Uhr, übermorgen

Seite 38
Nr.1 Eine Amsel singt am Morgen ein Lied.
Der Kirschbaum schmückt sich an den Zweigen mit Blüten. Die Kinder basteln in der Schule Osterkarten.

Seite 39
Nr.1 Spiegel, Miete, Knie, Sieger, sieben, riechen, fliegen, schief
Nr.2 Im Frühling kehren die Zugvögel wieder zu uns zurück.

Seite 40
Schiene, er flieht, zierlicher, Unterschied,
ihr riecht, Dienste, schief, du fliegst, ich siege, am niedrigsten

Seite 41

Nr.1 Gestern krochen wir im Sportunterricht durch Reifen. Immer wieder fliegt mein Wellensittich auf die Gardinenstange. Vorige Woche mietete mein Vater ein großes Auto. Morgen werde ich die neue Eissorte probieren. Gerade wiege ich die Äpfel. Schmiere nicht ins Heft!

Nr.2 verkriechen, durchkriechen, abfliegen, verfliegen, anfliegen, durchfliegen, mitfliegen, auffliegen, vermieten, anmieten, anprobieren, abwiegen, aufwiegen, abschmieren, verschmieren, anschmieren, aufschmieren

Seite 42

Nr.1/2 Mutter ruft: „Kommt alle essen!"
„Wir haben schon wieder verloren", schimpft Tim.
Lili fragt: „Gehst du mit ins Kino?"
„Ich habe schlimme Zahnschmerzen", stöhnt Ben.

Seite 43

Nr.1 Lasagne = italienische Speise, S. 161/City = Innenstadt, S. 110/Curry = ein Gewürz, S. 110/ Laptop = tragbarer Computer, S. 161

🐌 die Laptoptasche, die Currywurst, die Citylage

Nr.2 Im Feriencamp wanderten wir eine weite Strecke im Wald. Sogar einen Fuchsbau entdeckten wir. Aber plötzlich knackte es. Zum Glück war es nur ein trockener Ast.

Seite 44

Nr.1 die Hitze, das Herz, der Pelz, der Witz, nützen, schmerzlich, stürzen, plötzlich, schwitzen, heizen, der Arzt

Nr.2 das Herz – herzlich oder herzig, der Pelz – pelzig, der Witz – witzig, der Arzt – ärztlich

Nr.3 Der Schutzanzug muss die Astronauten vor der Hitze schützen.

Seiten 45

Nr.1 **eine Silbe:** Block, Glück, Zweck, Schreck
zwei Silben: bücken, locker, blicken, trocken, wecken
drei Silben: erstrecken, entdecken, verstecken

🐌 bü-cken, lo-cker, bli-cken, tro-cken, we-cken, er-stre-cken, ent-de-cken, ver-ste-cken

Seite 46/47

Nr.1 in der Suppe rühren, über den Wolken fliegen, auf der Lauer liegen, neben dem Freund sitzen, an der Haustür klingeln, vor der Arbeit üben

Nr.2 Mutter/Vater – Freund/Freundin
Mutter sagt: „Räume endlich dein Zimmer auf!"
Die Freundin fragt: „Wollen wir uns wieder vertragen?"

Nr.3 z: Glanz, Geiz, Schmerz
tz: Schmutz, Witz, Trotz

Nr.4 glänzend, geizig, schmerzlich, schmutzig, witzig, trotzig

Nr.5 gerne, Eis, isst, Kind

Nr.6 Das Kind isst gerne Eis.

Seite 48

🐌 rostig, intelligent, cremig, höflich, teuer, italienisch, genial
Lösung: RICHTIG

Nr.2 intelligent, intelligenter, am intelligentesten;
kurz, kürzer, am kürzesten;
klein, kleiner, am kleinsten;
teuer, teurer, am teuersten;
hell, heller, am hellsten;
groß, größer, am größten;
süß, süßer, am süßesten;
genial, genialer, am genialsten

Seite 49

Nr.1 **-lich:** höflich, zerbrechlich, ordentlich
-ig: rostig, cremig, staubig, lustig, schleimig, gefräßig
-isch: italienisch
-bar: haltbar, essbar

Nr.2 Krankheit, Sauberkeit, Flüssigkeit, Verunreinigung

Seiten 50

Nr.1/3 **Lösungsweg:** Achse, Text, verwechseln, Taxi, Luchs, links, wachsen, extra
falscher Weg: boxen, hexen, Ochse

Seite 51

🐌/ der Fuchs, S. 129 + die Nixe, S. 175 = 304

Nr.1 der Keks, S. 152 + die Hexe, S. 142 = 294
der Boxer, S. 107 + der Dachs, S. 110 = 217
sechs, S. 200 + Büchse, S. 108 = 308

Nr.2 Hexe

Seite 52

Nr.1 bequem, Qualle, quaken, Quartett, Quadrat, quengeln, quasseln, quieken

Nr.2 **Substantive:** Quadrat, Quartett, Qualle
Verben: quaken, quengeln, quasseln, quieken
Adjektive: bequem

Nr.3 ich quake, du quakst, er/sie/es quakt, wir quaken, ihr quakt, sie quaken
ich quengle, du quengelst, er/sie/es quengelt, wir quengeln, ihr quengelt, sie quengeln
ich quassle, du quasselst, er/sie/es quasselt, wir quasseln, ihr quasselt, sie quasseln
ich quieke, du quiekst, er/sie/es quiekt, wir quieken, ihr quiekt, sie quieken

63

Seite 53
Nr. 1 das Ferkel quiekt, der Frosch quakt laut, ein kleines Baby quengelt, junge Mädchen quasseln
Nr. 2 bequem, Quadrat, quaken, Qualle, Quartett, quasseln, quengeln, quieken
Nr. 3 ~~Graben~~ – Grube, ~~fressen~~ – beißen, ~~Geld~~ – Gold, ~~immer~~ – selten

Seite 54
Nr. 1 sammeln, füllen, Wetter, essen, schwimmen, Wellen, stellen, Sommer
Nr. 2 Muscheln sammeln, bei schönem Wetter baden, im Meer schwimmen, in die Wellen hüpfen, Sandeimer füllen, leckeres Eis essen, sich in den Schatten stellen

Seite 55
Nr. 1 Schatten, retten, Eistüte, pfeifen, Blätter, laufen

Seite 56
Nr. 1/2 Vor dem Baden soll man sich immer abkühlen. Nach dem Schwimmen muss man trockene Sachen anziehen. Die Haut sollte man vor Sonnenbrand schützen. Die Mittagshitze verbringt man am besten im Schatten.
Nr. 3 Kühle dich vor dem Baden immer ab! Ziehe nach dem Schwimmen trockene Sachen an! Schütze die Haut vor Sonnenbrand! Verbringe die Mittagshitze am besten im Schatten!

Seite 57
S = Substantiv, 2 = Silben, MZ = Mehrzahl, V = Verb, EZ = Einzahl, A = Adjektiv
Nr. 1 geben (V 2), leise (A 2), stark (A 1), Berg (S 1 EZ)
Nr. 3 Einen guten Start in Klasse 5!

Seite 58/59

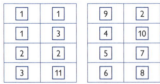